GALERIE

DELESSERT

CATALOGUE

DES

TABLEAUX

COMPOSANT LA

GALERIE DELESSERT

Dont la Vente aura lieu

HOTEL DELESSERT

Rue Montmartre, 172

Les Lundi 15, Mardi 16,
Mercredi 17 et Jeudi 18 Mars 1869

A DEUX HEURES

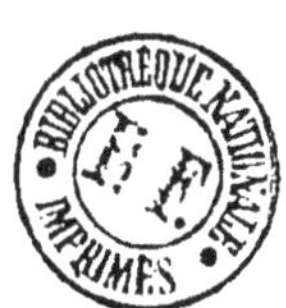

EXPOSITIONS PUBLIQUES

LES VENDREDI 12 ET SAMEDI 13 MARS 1869

DE MIDI A CINQ HEURES

M⁰ CHARLES PILLET	M. FRANCIS PETIT
COMMISSAIRE-PRISEUR,	EXPERT
Rue Grange-Batelière, 10.	7, rue Saint-Georges.

ORDRE DES VACATIONS

Lundi 15 et Mardi 16 Mars

LES TABLEAUX ANCIENS, du n° 1 au n° 112.

Mercredi 17 et Jeudi 18 Mars

LES TABLEAUX MODERNES, du n° 115 à la fin.

CONDITIONS DE LA VENTE

Elle sera faite au comptant.

Les adjudicataires payeront *cinq pour cent* en sus des enchères.

Paris. Imp. de PILLET fils aîné, rue des Grands-Augustins, 5.

TABLEAUX ANCIENS

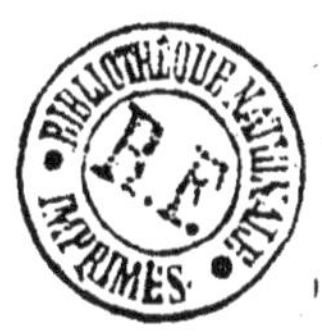

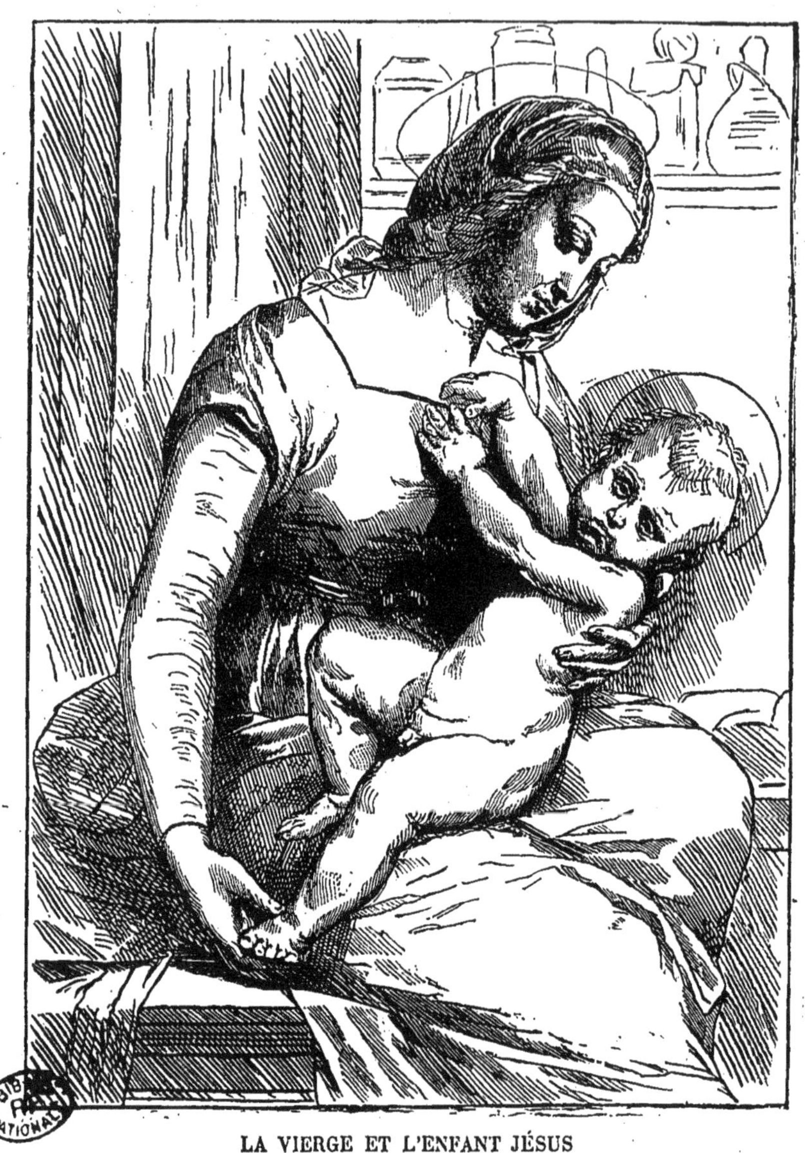

LA VIERGE ET L'ENFANT JÉSUS

(DITE VIERGE DE LA MAISON D'ORLÉANS)

PAR

RAPHAEL

RAPHAEL

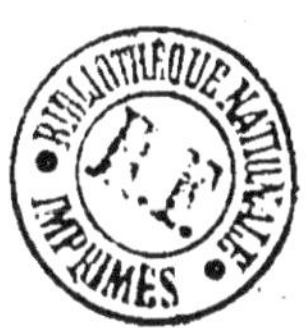

1 — La Vierge et l'Enfant-Jésus, dite Vierge de la maison d'Orléans.

Bois. Haut., 29 cent.; larg., 21 cent.

En 1763, ce tableau faisait partie du cabinet Crozat; il fut gravé dans le recueil de cette collection (pl. 24). Il passa successivement dans les collections de M. Passart, de l'abbé Decamps, qui le vendit au duc d'Orléans (régent) ; il fut gravé de nouveau dans la galerie du Palais-Royal (pl. 8). En 1790, le duc d'Orléans le vendit avec toute la collection du Palais-Royal à M. Walckiers, de Bruxelles; il devint la possession de M. Laborde de Méréville. En 1799, il fut acheté par M. Gibbert, ensuite par M. Vernon, puis par M. Lahante, qui le céda à M. Aguado; il fut alors gravé une troisième fois dans l'œuvre de Raphaël Landon (pl. 146), et, en 1838, par Forster; aujourd'hui M. Gaillard en termine une petite gravure sur acier qui sera publiée prochainement par la *Gazette des Beaux-Arts*.

C'est à la vente de la galerie Aguado, faite en mars 1843, que ce tableau fut acheté par M. Delessert; il est décrit dans plusieurs ouvrages, dans le cabinet Crozat, dans la galerie d'Orléans, et dans l'ouvrage de M. C. J. Nieuwerhuys : *Review of the most eminent painters*, dans le beau livre de Passavant Raphaël d'Urbin et son père Giovanni-Santi, et enfin dans l'intéressant article consacré à la galerie Delessert, par M. Ch. Blanc dans le numéro de la *Gazette des Beaux-Arts* du 1ᵉʳ février.

BACKHUYSEN

(LUDOLF)

2 — Marine avec Bâtiments.

La mer est légèrement houleuse, sous un ciel plein de nuages et dont les sommets sont vivement éclairés.

Sur le devant, deux barques de pêcheurs : l'une est arrêtée, l'autre file rapidement, ses voiles déployées ; dans le fond, à gauche, un navire au pavillon hollandais ; à l'horizon d'autres barques.

Toile. Haut., 78 cent.; larg., 87 cent.

BACKHUYSEN

(LUDOLF)

3 — Marine, une Visite à bord.

Des barques de constructions diverses, et des chaloupes chargées de personnages de distinction s'éloignent d'un navire paré en fête qu'ils viennent de visiter.

La fumée du canon, tiré de son bord, l'enveloppe à demi ; le ciel et la mer sont éclairés par le soleil couchant.

Cabinet Muilman.

Toile. Haut., 50 cent.; larg., 60 cent.

BACKHUYSEN

(LUDOLF)

4 — Marine, Mer houleuse.

Un nuage noir à l'horizon annonce un fort grain, le vent souffle avec violence, enfle les voiles et agite les pavillons.

À droite, au loin, un trois-mâts incliné sur les vagues.

Vente Bezenval, — vente Tolozan, n° 137.

Bois. Haut., 32 cent.; larg., 38 cent.

BACKHUYSEN

(LUDOLF)

5 — Plage à marée basse.

Des pêcheurs sur une plage, l'un est assis fumant; un autre, suivi d'un enfant, revient de la mer.

Des barques se sont approchées pour décharger leur poisson.

Cabinet Tolozan, n° 15.

Bois. Haut., 22 cent.; larg., 31 cent.

BERCHEM

(NICOLAS)

6 — Le rachat de l'Esclave.

Sur les bords d'un rivage formant une petite anse protégée par des rochers, des pirates sont venus se mettre à l'abri et déchargent leur butin.

Une dame richement vêtue, suivie d'un page portant un parasol et de plusieurs chiens, cause avec une autre dame et semble s'intéresser au sort d'un petit esclave qui a les fers aux pieds. A gauche, dans l'ombre d'un monument en ruines, un gentilhomme discute avec les pirates le prix du rachat de l'esclave.

Composition capitale et d'un bel effet.

Décrit dans Smith, 5° volume, page 31, collection Walckiers ; — de Montribloux, n° 50 ; — gravé par Lebas.

Toile. Haut., 83 cent.; larg., 1 mètre.

BERCHEM

(NICOLAS)

7 — **Une Place publique en Italie.**

Une élégante fontaine occupe le centre d'une place ornée de monuments d'une belle architecture et dont les terrasses dominent la mer que l'on aperçoit au loin couverte de navires.

Au premier plan, un jeune seigneur, vêtu de noir, le chapeau à plumes sur la tête, est assis à demi couché sur des ballots, il joue de la mandoline et regarde en souriant deux dames élégantes qui arrivent suivies d'un petit nègre ; près de la fontaine un Turc et un Arménien, l'un assis, l'autre debout, causent ensemble. Au premier plan ; à gauche, deux chiens font connaissance.

Cabinet Randon de Boisset, n° 108 ; — cabinet Lempereur, — cabinet Tolozan, n° 10.

Toile. Haut., 82 cent.; larg., 75 cent.

BERCHEM

(NICOLAS)

8 — Rendez-vous de chasse.

C'est un bâtiment pittoresque, construit de planches au milieu de ruines italiennes aux passages voûtés, aux galeries superposées les unes sur les autres et couvertes de végétation; des chasseurs viennent faire halte, le gibier est à terre, les chiens harrassés sont couchés çà et là tirant la langue; un cavalier vêtu d'un manteau rouge et monté sur un cheval blanc cause avec des chasseurs et une femme.

Près d'une porte, à gauche, une autre femme cause avec des hommes assis; dans une galerie supérieure, une femme étend du linge.

Cabinet Cromot; — cabinet Walckiers.

Toile. Haut., 70 cent.; larg., 61 cent.

BERCHEM

(NICOLAS)

9 — Le Passage du gué.

On voit sur une large rivière bordée de collines les ruines d'un ancien pont dont il ne reste plus que quelques arches; la lumière chaude et limpide du soleil couchant éclaire tout le paysage; un troupeau d'animaux, conduit par des paysans, passe la rivière à gué.

Toile. Haut., 45 cent.; larg., 61 cent.

BERCHEM

(NICOLAS)

10 — Paysage. Soirée d'été.

Une paysanne debout, la quenouille au bras, cause avec un jeune berger assis tenant une brebis. Des vaches, des moutons, des agneaux et une chèvre sont groupés autour d'eux.

Le paysage est doré par le soleil couchant.

Décrit dans Smith, page 45 ; — cabinet Tolozan, n° 9.

Bois. Haut., 43 cent.; larg., 54 cent.

VAN BERGEN

(THIERRY)

11 — Paysage avec des Animaux.

Des animaux sont au repos dans un paysage accidenté éclairé par le soleil couchant.

Au fond une église en ruines.

Toile. Haut., 50 cent.; larg., 64 cent.

BERKHEYDEN

(GÉRARD)

12 — Vue de Hollande.

Un canal couvert de barques est traversé par un pont de bois qui conduit à une vieille tour ; à droite et à gauche, des quais plantés d'arbres.

Bois. Haut., 37 cent.; larg., 48 cent.

BOTH
(JEAN, dit BOTH D'ITALIE)

13 — Soleil couchant.

C'est un charmant paysage d'Italie, inondé de la lumière du soleil couchant ; sur le devant, une petite rivière que traverse un pont d'une seule arche ; à droite, un grand bouquet d'arbres et un horizon lointain ; à gauche, des montagnes et quelques arbres. Un charriot attelé de bœufs, un paysan conduisant un âne et un autre des bestiaux.

Il est impossible de trouver un tableau plus lumineux, plus chaux et plus fin de tor .

Bois. Haut., 57 cent.; larg., 70 cent.

VAN DER BURG
(ADRIEN)

14 — Une jeune Femme.

Elle est assise, cachée à mi-corps, par une rampe de marbre ; elle écoute les battements d'une montre qu'elle porte à son oreille ; à droite, un tapis turc et des fruits.

Cuivre. Haut., 16 cent.; larg., 12 cent.

CANALETTO
(CANAL, ANTOINE)

15 — Le Palais Grassi à Venise.

Le palais Grassi s'élève au bord d'un canal et près d'une

petite place qui sert de port d'embarquement; au fond de la place est l'église Saint-Samuël, et à gauche, le palais Balbi. Le canal est couvert de gondoles et de barques.

Toile. Haut., 34 cent.; larg., 51 cent.

CANALETTO

(CANAL, ANTOINE)

16 — L'Église Saint-Jérémie à Venise.

L'église Saint-Jérémie est située au bord d'un canal qui forme angle et s'étend au loin, bordé de palais et de maisons; un pont traverse ce canal. On aperçoit l'entrée du Canareggio et du palais Quirini.

Toile. Haut., 34 cent., larg., 51 cent.

CUYP

(ALBERT)

17 — Vaches sur un tertre dans une prairie.

Sept vaches sont groupées sur un tertre au milieu d'une prairie hollandaise coupée par une rivière, une seule est restée debout et regarde au loin. Un pâtre est assis près de là au bord de l'eau; il est vu de dos, tenant une ligne à la main, le chapeau sur la tête, les jambes cachées derrière le tertre sur lequel il est assis; de l'autre côté de la rivière on voit un moulin à vent et d'autres prairies; le ciel inondé de lumière est parsemé de quelques nuages gris.

Ce tableau est un chef-d'œuvre d'harmonie, de lumière et d'unité exceptionnelle.

Décrit dans Smith, n° 149, — cabinet Paul Perrier.

Gravé à l'eau forte par Bracquemont, dans la *Gazette des Beaux Arts.*

Toile. Haut., 50 cent.; larg., 87 cent.

DIETRICY

(CHRÉTIEN - GUILLAUME)

18 — Jésus guérissant les Malades.

Notre-Seigneur, monté sur des marches qui conduisent à une piscine, est entouré de ses disciples et des pharisiens. Un grand nombre d'infirmes et de malades arrivent vers lui.

Gravé par Pistruchi et par Flipart, sous le titre de : *Notre-Seigneur à la piscine.*

Galerie Lucien Bonaparte, n° 108.

Toile. Haut., 82 cent.; larg., 98 cent.

GÉRARD DOV

19 — Une vieille Femme à sa fenêtre.

Une bonne vieille est venue manger sa soupe sur le bord d'une croisée, elle regarde dehors tenant d'une main sa cuillère et de l'autre un pot de terre ; sa distraction est si grande qu'elle laisse tomber sa cuillerée de soupe.

Bois. Haut., 27 cent.; larg., 22 cent.

DUBBELS

(JEAN)

20 — Marine.

La mer est agitée de légères vagues et sillonnée de nombreuses barques de pêcheurs; on aperçoit au loin un grand navire au pavillon hollandais; le ciel est gris, fin de lumière et couvert de grands nuages.

Toile. Haut., 1 mèt. 08 cent.; larg., 1 mèt. 70 cent.

DUJARDIN

(CARLE)

21 — Paysage, les Anes.

Une ânesse et son ânon dans une prairie bordée de collines, une paysanne filant et près d'elle un chien assis.

Cabinet Tronchin.

Bois. Haut., 20 cent.; larg., 26 cent.

VAN DYCK

(ANTOINE)

22 — Portrait de Michel le Blon.

L'Agent de la reine de Suède près la cour d'Angleterre, est représenté à mi-corps, vêtu d'un grand manteau noir, un col rabattu et brodé, la tête nue, les cheveux abondants, la moustache fine et relevée, l'impériale au menton, le regard est profond et intelligent.

De sa main droite il retient son manteau à la hauteur de sa poitrine.

Gravé par Th. Matham et par Ch. Pye.

Catalogué dans Smith, n° 809.

Toile. Haut., 77 cent.; larg., 60 cent.

ECKELS

23 — La Maison des Orphelins à Amsterdam.

La Maison des Orphelins, avec le grand bassin qui la précède; au fond, un pont; sur le premier plan, le quai ombragé d'un grand arbre.

Toile. Haut., 40 cent.; larg., 51 cent.

ECKELS

2 — Le Heeren Lodgement.

La vue est prise d'un pont qui traverse un canal et sur lequel passent des cavaliers ; à droite, l'hôtel appelé *Heeren Lodgement* et d'autres habitations.

Toile. Haut., 40 cent.; larg., 51 cent.

GAAL

(BERNARD)

25 — Halte à l'Hôtellerie.

Des cavaliers et une voiture de roulier sont arrêtés à la porte d'une auberge rustique.

Cabinet Leroy, 1843, n° 13.

Bois. Haut., 34 cent.; larg., 51 cent.

GOYEN

(JEAN VAN)

26 — Paysage hollandais.

Une rivière aux bords couronnés d'arbres abritant çà et là des chaumières; à l'horizon, un moulin à vent et des barques.

A gauche, une barque vient d'aborder; les bestiaux qu'elle amenait descendent sur la berge.

Bois. Haut., 45 cent.; larg., 82 cent.

GOYEN

(JEAN VAN)

27 — Les bords de la Meuse.

La rivière s'étend au loin animée de barques de diverse importance; sur la gauche, une ville s'élève en amphithéâtre dominé par le clocher de l'église.

Bois. Haut., 45 cent.; larg., 54 cent.

GREUZE

(JEAN-BAPTISTE)

28 — Portrait de Wille (GRAVEUR).

Voici la description de ce tableau, faite par Diderot, dans son ouvrage sur le Salon de 1765, page 258 :

« Très-beau portrait : c'est bien l'air brusque et dur de
« Wille, c'est sa roide encolure; c'est son œil petit, ardent,
« effaré; ce sont ses joues couperosées. Comme cela est

« coiffé! que le dessin est beau! Et le velours, et le jabot,
« et les manchettes, d'une exécution! J'aurais plaisir à
« voir ce portrait à côté d'un Rubens, d'un Rembrandt ou
« d'un Van Dyck; j'aurais plaisir à sentir ce qu'il y aurait
« à perdre ou à gagner pour notre peintre. Quand on a vu
« ce Wille, on tourne le dos aux portraits des autres, et
« même à ceux de Greuze. »

Gravé par Muller, et sur bois, par Gilbert, dans la *Gazette des Beaux-Arts*.

Toile. Haut., 60 cent.; larg., 50 cent.

GREUZE
(JEAN-BAPTISTE)

29 — L'Enfant à la pêche.

Un petit enfant, aux cheveux blonds, est couché dans son berceau, la tête au milieu des rideaux; la composition le représente à mi-corps seulement; il tient d'une main sa couverture, et de l'autre une pêche.

Son geste, son regard fin et craintif en même temps, expriment bien la peur qu'il a qu'on ne lui prenne cette pêche qu'il ne veut pourtant pas cacher.

Galerie du cardinal Fesch, n° 790.

Toile. Haut., 40 cent.; larg., 33 cent.

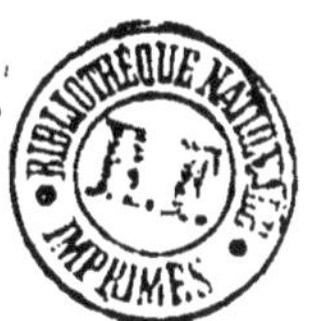

VAN DER HEYDEN
(JEAN)

(FIGURES PAR ADRIEN VANDEVELDE)

30 — Place d'une ville de Hollande.

Sur une grande place à l'intérieur d'une ville de Hollande, s'élève, à gauche, une église toute construite de

2

briques avec son portail en bois; à droite, les bâtiments d'un couvent attenant à une vieille tour; au fond, une rue bordée de maisons et plantée d'arbres.

Le soleil projette sa lumière sur un côté de la place, l'autre côté reste dans la demi-teinte.

Une grande quantité de figures peintes par Adrien Vandevelde sont admirables de mouvement et de vérité.

C'est un des beaux tableaux de Van der Heyden.

Bois. Haut., 47 cent.; larg., 54 cent.

VAN DER HEYDEN

(JEAN)

(FIGURES PAR ADRIEN VANDEVELDE)

31 -- Vue Prise en Hollande.

Une place ornée de maisons et de deux vieilles tours carrées, d'une architecture très-pittoresque et entourées de murailles; au milieu, un groupe de trois arbres. Les nombreuses figures qui animent la place ont été peintes par Adrien Vandevelde.

C'est encore un tableau d'une magnifique qualité, il a été gravé dans le cabinet Choiseul, n° 76.

Bois. Haut., 32 cent.; larg., 40 cent.

VAN DER HEYDEN

(JEAN)

32 - Un Canal en Hollande.

Une ancienne tour transformée en habitation et dont la base est baignée par les eaux d'un canal, puis un quai planté d'arbres qui cachent la vue des maisons dont on voit seulement la base et le sommet; au fond, à gauche, un pont et d'autres quais.

Plusieurs figures de baigneurs dont un va plonger.

Même qualité de finesse que dans les deux tableaux précédents.

Bois. Haut., 35 cent.; larg., 44 cent.

HOBBEMA

(MEINDERT)

33 — Intérieur d'un Bois.

C'est l'entrée d'un bois plein d'éclaircies, une mare bordée d'arbres et de roseaux occupe la droite du tableau; à gauche, un beau massif d'arbres, laissant apercevoir le toit d'une cabane et une haie faite de planches; au fond, plusieurs sentiers s'étendent dans les bois; l'un d'eux conduit à une chaumière. Le paysage est vivement éclairé par un ciel plein de nuages lumineux et argentés, mêlés de nuages gris.

Quelques figures dans le sentier et au bord de la mare ; sur le devant, deux paysans causent, l'un est assis, l'autre debout.

Ce tableau est d'une exécution ferme et précise, alliée à une grande puissance de ton et à une harmonie parfaite. Il est décrit dans Smith, vol. 6, n° 106, pages 152, et dans le Cabinet de l'amateur, 3e année, 10e livraison, page 452.

Vente Revil. — Gravé sur bois, par Pirodon, dans la *Gazette des Beaux Arts.*

Bois. Haut., 59 cent.; larg., 83 cent.

HOBBEMA

(MEINDERT)

34 — Paysage.

Un cours d'eau, bordé de saules, passe au bas d'une colline boisée; au fond, quelques maisons d'un village.

Le ciel est éclairé par le soleil couchant.

Bois. Haut., 56 cent.; larg., 78 cent.

HOECGEEST

35 — Église de Delft.

Vue intérieure de la cathédrale de Delft et de la chapelle contenant le monument élevé à la mémoire du prince d'Orange.

Bois. Haut., 58 cent.; larg., 38 cent.

HOOGE

(PIÈRRE DE)

36 — Intérieur hollandais.

C'est un grand intérieur hollandais, au plafond à poutres apparentes et éclairé par une fenêtre qui ne donne la lumière que par la partie supérieure; un homme vêtu de noir et de gris, coiffé d'une grande perruque bouclée, tourne la tête vers une femme et lui parle à l'oreille. Ils sont assis tous deux à une table couverte d'un tapis; une servante leur sert du vin et des gâteaux.

Derrière ce groupe, un jeune homme, tout vêtu de blanc, le feutre sur la tête, tenant d'une main une pipe et s'appuyant de l'autre sur le dossier d'un grand fauteuil, regarde la servante en souriant; dans le fond, un lit fermé de rideaux, et sur le mur un portrait et une grande carte coloriée représentant un port.

Ce tableau est d'une vigueur et d'une transparence de ton extraordinaires; la magie de la lumière y est poussée à ses derniers degrés, jamais le peintre n'avait été aussi puissant de couleur.

Gravé à l'eau forte, par Courtry, dans la *Gazette des Beaux Arts.*

Bois. Haut., 68 cent.; larg., 57 cent.

HOOGE

(PIERRE DE)

37 — Cour intérieure d'une Maison hollandaise.

Il est impossible de trouver un tableau plus original de composition, plus pittoresque et plus vrai; c'est une habitation hollandaise, coupée de cours, de petits jardins, et de passages clos de planches; au fond, est la maison principale au toit de tuiles, au pignon élevé, entourée de petites dépendances; la vue est prise d'une cour pavée, ornée d'une pompe et de son bassin; une dame, vue de dos, vêtue d'un justaucorps noir, d'une jupe grise, la tête couverte d'une coiffe blanche, donne des ordres à une servante accroupie près de la pompe et qui accommode un poisson.

Cabinet Perregaux, n° 14.

Toile. Haut., 74 cent.; larg., 63 cent.

VAN HUYSUM

(JEAN)

38 — Un Vase de fleurs.

Des roses, des tulipes, des pavots, des tubéreuses, des

œillets, des iris groupés en bouquets dans un vase en terre posé sur un piédestal.

Une grappe de raisin blanc est placée près du vase.

Toile. Haut., 88 cent.; larg., 78 cent.

VAN HUYSUM

(JUSTE)

39 — Paysages italiens.

Deux paysages d'une belle composition et d'un beau style.

L'un d'eux a été gravé dans la galerie Lebrun, tome III, page 6.

Toile. Haut., 53 cent.; larg., 63 cent.

LANTARA

(SIMON)

40 — Paysage ; Soleil levant.

Deux grands rochers à gauche, dont l'un est couronné d'une tour et des ruines d'un vieux château ; au loin, une ville, à l'horizon des montagnes.

Au premier plan, des paysans, les uns à cheval, les autres à pied, conduisent un troupeau de moutons et traversent un ruisseau.

Toile. Haut., 67 cent.; larg., 1 mèt. 8 cent.

LANTARA

(SIMON)

41 — Paysage.

A droite, un immense rocher au haut duquel on voit
les ruines d'un grand bâtiment et d'une vieille tour ; au
fond, une rivière dont l'horizon se perd dans les vapeurs
du soleil couchant.

Sur le devant, des figures, un cheval et des bestiaux.

Toile. Haut., 67 cent.; larg., 1 mèt. 8 cent.

LANTARA

(SIMON)

42 — Paysage ; le Pont.

Une grande masse de rochers sur la droite avec un château au sommet, et au pied un village et une tour ; au
milieu, une rivière traversée par un pont ; à gauche, un
rocher ; au loin, des montagnes.

Les figures et les animaux sont peints par Demarne.

Toile. Haut., 50 cent.; larg., 68 cent.

LANTARA

(SIMON)

43 — Paysage ; le Château.

Un château avec des tourelles occupe la droite du tableau ; au milieu, un groupe d'arbres ; à gauche, une ri-

vière ; sur la rive opposée, est un village au pied d'une montagne.

Diverses figures.

Toile. Haut., 50 cent.; larg., 76 cent.

LANTARA

(SIMON)

44 — Un Château fort.

Une rivière traverse le paysage et passe au pied d'un fort ; à gauche, une ville dominée par une montagne.

Collection Mainemare.

Toile. Haut., 52 cent.; larg., 63 cent.

LANTARA

(SIMON)

45 — Paysage ; Soleil couchant.

Les eaux de la mer viennent baigner la base de grands rochers sur lesquels s'élèvent les constructions d'un couvent ; effet de soleil couchant. Au loin, un port.

Les figures qui animent ce tableau sont peintes par Taunay.

Cabinet Perrin, n° 24.

Toile. Haut., 43 cent.; larg., 64 cent.

LINGELBACH

(JEAN)

46 — Un Port en Italie.

Un Turc, suivi d'un esclave tenant un parasol, donne des ordres à des portefaix de diverses nations qui embarquent des ballots sur un navire; un mulet chargé est à côté.

Le port s'étend au loin, défendu par un fort et animé d'un grand nombre de barques et de navires; sur le premier plan, une statue.

Toile. Haut., 52 cent.; larg., 64 cent.

LINGELBACH

(JEAN)

47 —. Chasse à courre.

Des cavaliers se disposent à entrer en chasse; l'un d'eux sonne du cor; d'autres parcourent déjà la campagne,

Bois. Haut., 20 cent.; larg., 25 cent.

MATHON

48 — Bergère endormie.

Une jeune fille s'est endormie, assise au pied d'une vieille ruine dans la campagne et au bord d'une mare. Un jeune garçon lui renverse le contenu d'une cruche sur le cou.

Bois. Haut., 37 cent.; larg., 22 cent.

METZU

(GABRIEL)

49 —. Scène d'intérieur.

Une jeune femme au visage souriant, vêtue d'une jupe
couleur noisette et d'un justaucorps gris, bordé d'hermine,
la tête coiffée d'un voile noir relevé, est assise devant une
cheminée, tenant sur ses genoux un petit chien et à la
main une assiette sur laquelle une servante pose une
grillade que convoite le chien.

La servante, agenouillée devant la cheminée, tient une
poêle sur le feu.

Toile. Haut., 47 cent.; larg., 36 cent.

VAN DER MEULEN

(ANTOINE-FRANÇOIS)

50 — Choc de Cavalerie.

La mêlée est furieuse, plusieurs cavaliers ont été désar-
çonnés, des fuyards s'empressent de sortir de la bagarre,
des trompettes sonnent la retraite.

Bois. Haut,. 47 cent.; larg., 70 cent.

MIEL

(JEAN)

51 — Le Chanteur ambulant.

Un chanteur ambulant et son fils se sont approchés de

deux buveurs et d'une femme attablés devant des ruines; auprès d'une auberge.

On voit dans le fond la route, et sur le devant un âne et un chien.

Bois. Haut., 51 cent.; larg., 44 cent.

MIEREVELT

(MICHEL)

52 — Portrait d'Homme.

Il est représenté en buste, portant le costume militaire flamand, les cheveux ras, le feutre sur la tête, une fraise au cou, vêtu de noir avec un manteau brun sur l'épaule gauche.

Bois. Haut., 45 cent.; larg., 35 cent.

MIERIS

(GUILLAUME VAN)

53 — La Jeune Malade.

Une jeune femme assise et renversée sur un coussin, semble avoir perdu connaissance; sa toilette, un peu en désordre, se compose d'une robe de satin maron et d'une écharpe verte; près d'elle sa mère se désole et semble la recommander au médecin qui s'approche pour lui tâter le pouls; au fond, une servante qui apporte un réchaud allumé.

Sur le premier plan, une toilette couverte d'un riche tapis turc, un miroir et divers objets de toilette d'un fini précieux.

Gravé dans le cabinet Poulain, n° 57;—cabinet Randon de Boisset, n° 157; — cabinet Tolauzan, n° 66.

Bois. Haut., 46 cent.; larg., 38 cent.

MIERIS

(GUILLAUME VAN)

54 — Un Buveur.

Un militaire, vêtu d'un justaucorps de drap jaune-brun à revers bleus, élève en souriant son verre vide et renversé à la hauteur de son œil, et de l'autre main il caresse son ventre; il est caché à mi-corps par une tablette sur laquelle sont posés un pot d'étain, son épée et son chapeau.

Un grand rideau rouge tombe en larges plis sur la gauche de la composition.

Vente Robit, n° 76.

Bois. Haut.; 30 cent.; larg., 23 cent.

MIGNARD

(PIERRE)

55 — Sainte Cécile.

La sainte joue de la harpe, un ange debout près d'elle tient un livre ouvert; à terre, sont des instruments de musique.

Répétition en petite proportion du tableau du Musée du Louvre.

Gravé.

Toile. Haut., 72 cent.; larg., 54 cent.

MOLENAER

(JEAN)

56 — Le Bénédicité.

Une famille tout entière est attablée et dit le *Benedicite*.
Composition de neuf à dix figures.

Bois. Haut., 51 cent.; larg., 68 cent.

DE MOOR

(CARL)

57 — Portrait de Femme.

Elle est vue à mi-corps, assise à une table; elle écrit, son doigt posé sur ses lèvres indique l'indécision.

Cuivre. Haut., 16 cent.; larg., 12 cent.

MURILLO

(ESTEBAN)

58 — Sainte Famille.

L'enfant Jésus est debout sur une pierre formant piédestal, la Vierge et saint Joseph à genoux à chacun de ses côtés lui tiennent les mains; au-dessus de la tête de l'enfant-Dieu, plane le Saint-Esprit, puis un nombreux cortége d'anges et le Père éternel la main posée sur le globe du monde.

Ce tableau est l'esquisse terminée du grand tableau acheté en 1837 par le Musée britannique.

Cabinet Forbin-Janson, n° 2.

Toile. Haut., 48 cent.; larg., 38 cent.

NEEFS

(PEETER)

59 — Vue intérieure d'une Église.

La grande nef d'une église de style gothique est éclairée

par les dernières lueurs du jour et par la lumière d'une torche que tient un jeune page précédant plusieurs visiteurs.

Vente d'Harcourt.

Toile. Haut., 24 cent.; larg., 31 cent.

NEEFS

(PEETER)

60 — Intérieur de la Cathédrale d'Anvers.

L'église est vue dans toute son étendue avec sa triple rangée d'arcades et animée d'un grand nombre de figures.

Cuivre. Haut., 32 cent.; larg., 42 cent.

VAN DER NEER

(ARTHUR)

61 — Clair de Lune.

La Meuse bordée d'arbres est éclairée par la lune très-basse encore à l'horizon; au milieu, une barque aux voiles déployées; sur le devant, des pêcheurs qui préparent leurs filets.

Bois. Haut., 22 cent.; larg., 30 cent.

NETSCHER

(CONSTANTIN)

62 — Portraits.

Une jeune femme vêtue de noir, dans le costume de l'é-

poque, les manches blanches relevées par de riches agra-
fes, le corsage décolleté, un collier de perles au cou, les
cheveux bouclés, le bras appuyé sur un piédestal orné de
sculptures; près d'elle, son fils, vêtu avec la plus extrême
élégance, fait éclore des bulles de savon avec un chalu-
meau.

Dans le fond, une fontaine, composée d'un groupe en
marbre, se détache sur un parterre de fleurs.

Toile. Haut., 72 cent.; larg., 58 cent.

NETSCHER
(CONSTANTIN)

63 — Portrait de Femme.

Elle est assise et vêtue d'une robe de soie décolletée
brune à grands ramages, les manches blanches ouvertes,
le coude appuyé sur une table de pierre couverte de roses
cueillies.

Un grand rideau rouge tombe en larges plis contre une
colonne.

Toile. Haut., 57 cent.; larg., 45 cent.

NETSCHER
(CONSTANTIN)

64 — Portrait de Femme.

C'est le portrait présumé de mademoiselle Deshoulières;
elle est assise dans un parc, vêtue d'un riche costume
rouge brodé d'argent, son coude est appuyé sur le bord de la

vasque d'une fontaine; de l'autre main, elle caresse un petit mouton; au bord de la fontaine est venu se percher un perroquet.

Bois. Haut., 35 cent.; larg., 27 cent.

NETSCHER
(CONSTANTIN)

65 — Deux Portraits.

Deux portraits vus à mi-corps, connus sous les noms de Louis Haleman et de sa femme.

Toiles. Haut., 49 cent.; larg., 39 cent.

OSTADE
(ADRIEN VAN)

66 — Un Musico hollandais.

C'est jour de fête dans une tabagie hollandaise; un musicien, coiffé d'un chapeau orné de fleurs, joue du violon; l'hôtelier danse lui-même avec une jeune paysanne; autour d'eux, des paysans attablés ou réunis en groupes, buvant, causant et riant du couple joyeux.

Dans un angle, à gauche, un groupe d'hommes et de femmes causent debout; sur le devant, un chien, un chat et divers ustensiles de ménage.

Composition importante d'une vingtaine de figures réunissant toutes les qualités et l'esprit du maître.

Cabinet Walckiers, 1793.

Gravé à l'eau-forte par Gilbert dans la *Gazette des Beaux-Arts*.

Bois. Haut., 44 cent.; larg., 65 cent.

OSTADE

(ADRIEN VAN)

67 — Portrait d'une Vieille Femme.

Elle est vue à mi-corps, vêtue d'une robe rouge, la tête couverte d'un bonnet blanc, le visage sévère, les deux mains croisées, son coude appuyé sur une table sur laquelle est un dévidoir.

Ce portrait est d'une qualité merveilleuse et d'un grand caractère dans sa petite proportion.

Bois. Haut., 23 cent.; larg., 18 cent.

OSTADE

(ISAAC VAN)

68 — Habitation rustique.

Une chaumière construite sur le haut d'anciennes murailles de briques; un escalier descend à un passage ouvert sous une arcade, et donnant sur la campagne, un grand arbre occupe la gauche du tableau; dans le passage ouvert s'est établie une marchande de fruits et légumes; une bonne femme, tenant un enfant, cause avec elle; deux autres enfants jouent auprès; un cheval blanc arrive de face à l'entrée de l'arcade; puis, en haut, une paysanne file au rouet à l'entrée de la chaumière; un homme descend l'escalier les bras chargés d'un grand panier.

Le soleil éclaire vivement une grande partie de cette composition.

Collection Leyden, — Reynders, — Emmerson.

Gravé à l'eau-forte par Bracquemont dans la *Gazette des Beaux-Arts*.

Bois. Haut., 59 cent.; larg., 47 cent.

3

OSTADE

(ISAAC VAN)

69 — Paysage hollandais en hiver.

Un canal glacé s'étend au loin, couvert de patineurs et de traîneaux ; à droite, une auberge au toit fumant, et d'où sortent des traîneaux de marchandises attelés de chevaux ; des paysans les conduisent ; d'autres descendent de la berge sur la glace.

Bois. Haut., 46 cent.; larg., 62 cent.

POTTER

(PAUL)

70 — Un Pâturage.

Une vache noire et blanche, debout près d'un tronc d'arbre et d'une barrière en planches, une autre vache rousse et blanche couchée ; dans le fond, la prairie s'étend à perte de vue sous un ciel légèrement nuageux.

Toutes les qualités de Paul Potter sont contenues dans ce petit tableau qui a été gravé au trait dans le cabinet Massias.

Haut., 30 cent.; larg., 32 cent.

PRINS

(JEAN)

71 — Vue de Delft.

L'église, le bureau de la douane et la caserne d'artillerie, un quai et un canal.

Bois. Haut., 56 cent.; larg., 72 cent.

PYNACKER

(ADAM)

72 — Paysage.

De grands arbres s'élèvent épars au milieu d'un site
accidenté; à gauche, un vieux tronc d'arbre à moitié brisé;
sur le premier plan, un chien de chasse gardant du gibier
mort; plus loin, des chasseurs; le paysage s'étend à l'horizon et se perd dans les vapeurs du ciel éclairé par le soleil couchant.

Toile. Haut., 81 cent.; larg., 71 cent.

PYNACKER

(ADAM)

73 — Un Matin; Paysage d'Italie.

Deux jeunes pâtres auprès d'un petit troupeau de chèvres, de moutons et d'agneaux.

Le paysage est éclairé par un ciel gris et vaporeux du
matin; les premiers plans sont ornés d'arbustes, de fleurs
et de plantes.

Bois. Haut., 30 cent.; larg., 30 cent.

REMBRANDT

(VAN RYN)

74 — Portrait d'Homme.

Il est vu en buste, coiffé d'une toque noire, la poitrine

couverte d'une riche armure, le visage souriant, mais sillonné de rides, la moustache et les cheveux presque blancs. —

Cabinet Catellan, n° 15.

Toile. Haut., 62 cent.; larg., 49 cen

VAN ROMEYN

(GUILLAUME)

75 — Vue de Tivoli.

Le temple de Vesta s'élève au loin sur les rochers dont le pied est baigné par l'eau.

Sur le premier plan, une prairie où paissent de nombreux animaux gardés par une paysanne assise et un pâtre ; à droite, une grande masse de rochers.

Toile. Haut., 67 cent.; larg., 75 cent.

VAN ROMEYN

(GUILLAUME)

76 — Paysage italien.

A gauche, de hautes montagnes avec un temple en ruines ; à droite, un grand rocher et une fontaine ; au milieu, dans la prairie, des animaux paissant gardés par une paysanne ; au fond, une ville, puis des montagnes.

Toile. Haut., 64 cent.; larg., 75 cent.

RUBENS

(PIERRE-PAUL)

77 — Sainte Famille.

La Vierge est assise, tenant sur ses genoux l'Enfant Jésus qui s'est endormi et dont la tête repose sur son sein ; sainte Elisabeth est près d'elle, tenant de son côté le petit saint Jean sur ses genoux.

Derrière ce groupe on aperçoit saint Joseph, le coude appuyé sur la base d'une colonne.

Cabinet Revil.

Bois. Haut., 36 cent.; larg., 30 cent.

RUBENS

(PIERRE-PAUL)

78 — Portrait d'Homme.

Il est vu de trois quarts, les cheveux noirs et courts, la moustache fine, le regard intelligent, vêtu d'un costume noir, un col blanc relevé au cou.

Toile. Haut., 57 cent.; larg., 46 cent.

RUYSDAEL

(JACQUES)

79 — Paysage ; effet d'orage.

Le ciel est orageux, le vent souffle et fait courber les arbres ; tout annonce une bourrasque, un rayon lumineux

éclaire le terrain et le tronc d'un vieux saule presque dé-
pouillé ; dans le fond, des dunes ; sur le devant, une
mare.

Des figures et des animaux ont été ajoutés à ce tableau
par Fragonard.

Toile. Haut., 67 cent.; larg., 79 cent.

RUYSDAEL

(JACQUES)

80 — Une Chute d'eau.

Une nappe d'eau tombe en bouillonnant entre des rochers ; à droite, une habitation en haut d'une colline, à
gauche, un groupe d'arbres.

Gravé.

Toile. Haut., 68 cent., larg., 53 cent.

RUYSDAEL

(JACQUES)

81 — Paysage.

Une route sablonneuse ombragée d'un grand arbre, trois
chaumières et une mare d'eau sur le devant.

Bois. Haut., 58 cent.; larg., 71 cent.

SASSO FERRATO

(JEAN-BAPTISTE SALVI)

82 — La Vierge en prière.

La Vierge est vue à mi-corps, les mains jointes, les yeux

baissés, la tête couverte d'un voile blanc et entourée d'un manteau bleu.

Cabinet Perregaux, n° 43.

Toile. Haut. 52 cent.; larg., 38 cent.

SLINGELAND

(PIERRE VAN)

83 — Petite Fille déjeunant.

Une petite paysanne assise, tenant un pot de terre sur ses genoux et sa cuillère à la main, interrompt son déjeuner et s'arrête en souriant; dans le fond de la chambre, un buffet; sur le devant, une table.

Nous laissons à ce tableau le nom qu'il portait dans cette collection, bien qu'il y ait à gauche une signature différente, mais indéchiffrable.

Toile. Haut., 15 cent.; larg., 12 cent.

STAAVEREN

(JEAN VAN)

84 — Saint Pierre en prison.

L'apôtre est à genoux. les mains jointes dans l'attitude de la prière, la barbe blanche, le front dénudé.

Vente Schamp, à Gand, n° 56.

Bois. Haut., 51 cent.; larg., 41 cent.

STEEN

(JEAN)

85 — Salus Patriæ suprema lex esto.

C'est l'époque des guerres glorieuses que soutint la

Hollande contre l'Angleterre et la Suède; chacun, même au sein de la famille et du foyer, songe à défendre son pays; au milieu d'un intérieur de bonne apparence, une mère allaite son enfant; près d'elle un jeune garçon bat du tambour et accompagne les chants de cinq ou six hommes moitié soldats et bourgeois qui finissent leur repas et boivent à l'indépendance du pays; l'un d'eux, monté sur sa chaise, vide un grand verre en saluant; on lit sur le mur : *Salus patriæ suprema lex esto* ; à gauche, des hommes et des femmes causent, une femme apporte des gaufres et les présente à la jeune mère.

Toile. Haut., 85 cent.; larg., 1 mèt.

STEEN

(JEAN)

86 .— La Saint-Nicolas.

C'est grande fête pour les enfants dans un intérieur hollandais, les pommes semblent tomber du ciel, chacun s'empresse à les recevoir, les chapeaux, les mains, les tabliers tendus; dans la bagarre, une petite fille pleure, un petit garçon la console; la mère retient avec peine sur ses genoux un enfant qui voudrait aussi avoir sa part du butin; chacun rit; les chaises, les meubles sont renversés; dans le fond, un vieillard aveugle se fait raconter ce qui se passe par une vieille femme debout près de lui. On aperçoit en haut, par une lucarne ouverte, une bonne vieille, la cause de tout ce tumulte, qui lance les pommes par le volet entr'ouvert.

Bois. Haut., 56 cent.; larg., 50 cent.

TENIERS

(DAVID, LE JEUNE)

87 — Le Marché au Poisson.

Le marché, dont on voit un angle seulement, est construit en planches au bord d'une large rivière dont on voit au loin le cours traversé par un pont et bordé de tours et de monuments rappelant le château Saint-Ange; les figures, au nombre de vingt, sont d'une grande importance.

Un jeune homme, en riche costume et couvert d'un manteau rouge, suivi d'un nègre et d'un chien, tient d'une main une bourse et paye un marchand de poisson qui est debout devant lui, au milieu d'un groupe de paysans et d'autres marchands; un jeune garçon verse sur le sol le contenu d'un panier de poissons.

A gauche, au fond de la boutique, des serviteurs apprêtent le poisson dont on voit une quantité à terre, ou sur des tables, ou accroché.

Ce tableau est une des œuvres les plus capitales de Teniers, il est clair et lumineux, fin de ton et d'une exécution large et précise; c'est une œuvre complète.

Gravé à l'eau forte, par Hédouin, dans la *Gazette des Beaux-Arts*.

Toile. Haut., 84 cent.; larg., 1 mèt. 24 cent.

TENIERS

(DAVID, LE JEUNE)

88 — Le Gastronome.

C'est l'hôtelier lui-même sans doute; il est assis dans une salle d'auberge devant une table sur laquelle est un magnifique jambon entamé, il tient d'une main une coupe

pleine qu'il regarde avec bonheur, de l'autre main un pot ;
à droite, sur une table de cuisine, un poulet prêt à faire
cuire ; dans le fond, des buveurs attablés et une femme
auprès d'eux.

Ce tableau, magnifique d'exécution et de coloration, a
été gravé.

Bois, forme ovale. Haut., 24 cent.; larg., 32 cent.

TENIERS

(DAVID, LE JEUNE)

**89 — Intérieur d'une Tabagie (ou le Chapeau
blanc).**

Deux buveurs sont assis ; le premier d'un certain âge, la
figure enjouée, tient d'une main son verre plein, et de
l'autre une grande cruche ; son chapeau de feutre blanc est
accroché au dos de sa chaise ; le second, renversé sur son
siége et tenant sa pipe à la main, lance en l'air avec bonheur des bouffées de fumée ; un homme nettoie sa pipe ;
dans le fond, un autre homme se tourne contre le mur.

Par la porte ouverte, entre une servante portant un plateau.

Ce troisième tableau de Teniers ne cède rien aux
deux autres comme qualité.

Bois. Haut., 33 cent.; larg., 46 cent.

TERBURG

(GÉRARD)

90 — Jeune Femme et Cavalier.

Une jeune femme vêtue de satin blanc, les cheveux

blonds bouclés , boit dans un grand verre que vient de lui présenter, sur un plateau, un jeune page portant un élégant costume du temps ; un grand levrier est près de lui.

Derrière la jeune femme, un cavalier vêtu de noir, la tête couverte d'un feutre à larges bords, les cheveux bouclés, soutient d'une main le bord du plateau et semble avoir engagé la dame à boire.

A droite, une table couverte d'un tapis rouge, un miroir et divers autres objets ; dans le fond, un lit aux rideaux rouges fermés.

Tableau capital de Terburg.

Gravé sur bois, par Gilbert, dans la *Gazette des Beaux-Arts*.

Toile. Haut., 64 cent.; larg., 54 cent.

TERBURG

(GÉRARD)

91 — La Dégustation.

Une dame hollandaise, jeune encore, porte à ses lèvres un élégant verre de Venise et déguste son contenu avec attention ; de l'autre main elle tient un pot blanc à couvercle d'étain, elle est assise à une table avec un papier ouvert devant elle, puis un encrier, des plumes, un tapis relevé.

Son costume se compose d'un justaucorps jaune rayé, jupe grise et mante noire ; un beguin noir noué sous le menton laisse échapper des boucles de cheveux blonds.

Ce petit tableau, provenant du cabinet Perregaux, est remarquable de finesse. Il est très-connu dans l'œuvre de Terburg.

Bois. Haut., 39 cent.; larg., 30 cent.

VAN TOL

(DOMINIQUE)

92 — Jeune Fille faisant de la dentelle.

Dans un intérieur d'une grande richesse d'architecture, une jeune fille assise fait de la dentelle, ayant un petit métier sur ses genoux; elle est vêtue d'une robe brodée d'argent et d'un justaucorps rayé, la tête coiffée de dentelles. Près d'elle, un petit garçon, le chapeau à plumes sur la tête, frappe sur un tambour pendu à son côté.

Sur une table couverte d'un tapis, une grande aiguière d'argent et son plateau: dans le fond, une cheminée monumentale à colonnes, puis une servante occupée à faire un lit. Par une baie ouverte, on aperçoit dans une autre pièce le maitre de la maison causant avec un visiteur.

A gauche, un grand rideau en tapisserie vient tomber du haut de l'appartement devant une chaise de velours.

Cabinet de Smith. 1802.

Bois. Haut., 58 cent.; larg., 44 cent.

UCHTERVELT

(JACQUES)

93 — La Jeune Malade.

Une jeune femme, vêtue d'une robe de satin blanc, brodée d'argent et d'un caraco de satin jaune, garni de fourrure, est assise dans un grand fauteuil, la tête appuyée sur des oreillers; un médecin, tout de noir vêtu, lui tâte le pouls; une femme se penche derrière la malade et lui soutient la tête.

Au fond, par une porte ouverte, on voit une servante causant avec un jeune homme.

Sur la droite, un riche tapis turc.

Toile. Haut., 95 cent.; larg., 76 cent.

VALENTIN

94 — Le Reniement de saint Pierre.

Quatre soldats appuyés sur une table de pierre auprès d'un brasier allumé jouent aux dés. Saint Pierre s'approche pour se mêler à eux. Une servante le reconnaît et le désigne à un autre soldat qui le saisit par le bras.

Ce tableau, d'une grande importance, est d'une magnifique couleur.

Toile. Haut., 1 mèt. 78 cent.; larg., 2 mèt. 35 cent.

VAN DE VELDE
(ADRIEN)

95 — Animaux sur les bords d'un Ruisseau.

Des animaux viennent boire à un ruisseau, ombragé par un massif d'arbres s'élevant sur des ruines; un cheval, un mouton et des vaches sont déjà dans l'eau; sur le bord, une chèvre, puis d'autres animaux, les uns couchés, les autres debout. Un pâtre cause avec une paysanne et un jeune garçon; à l'horizon, un paysage bordé de montagnes.

Cabinets Casimir Périer et Paul Périer.

Toile. Haut., 45 cent.; larg. 57 cent.

VAN DE VELDE
(GUILLAUME)

96 — Un Calme.

La mer est au calme le plus parfait, le ciel est presque couvert de nuages lumineux.

Trois bateaux de pêche et un navire sont dans une immobilité complète, aucun vent n'agite leurs voiles ; les barques seules vont et viennent d'un bord à l'autre.

Cabinet Lebrun, n° 41, an IX.

Bois. Haut., 35 cent.; larg., 43 cent.

VAN DE VELDE
(GUILLAUME)

97 — Marine.

La mer calme, le ciel est gris avec de légers nuages ; plusieurs bateaux de pêche portant le pavillon hollandais, sont à l'ancre ; au fond, un navire et des barques sillonnent la mer ; à gauche des pêcheurs et une barque près d'un banc de sable.

Cabinet Bezenval — Tolozan, n° 138.

Bois. Haut., 32 cent.; larg., 38 cent.

VAN DE VELDE
(GUILLAUME)

98 — Les Pêcheurs.

Des pêcheurs vont lever l'ancre et appareillent leurs voiles ; la mer monte doucement. Sur une partie de sable encore à sec, d'autre pêcheurs poussent une embarcation à la mer; à l'horizon, dans la brume, des bâtiments de toute nature.

Le ciel est chargé de nuages.

Cabinet Tolozan, n° 139.

Bois. Haut., 23 cent.; larg., 32 cent.

VERBOOM

(ABRAHAM)

Figures par LINGELBACH.

99 — Paysage.

Une cabane sous de grands arbres qui annoncent l'entrée d'un bois, un chemin tournant orné de figures par Lingelbach.

Effet de soleil couchant.

Cabinet Schamp de Gand, n° 174.

Toile. Haut., 69 cent.; larg., 64 cent.

VERNET

(JOSEPH)

100 — L'Arc-en-Ciel.

C'est un des nombreux ports de la côte d'Italie, plein de mouvement et de vie, des pêcheurs arrangent leurs filets, d'autres chargent chevaux et mulets de grands paniers de poissons, des curieux en promenade, une barque qui appareille; plus loin, des navires en rade; sur la droite, un navire en construction et à gauche de grands rochers.

Un immense arc-en-ciel se détache sur les nuages noirs

qui s'enfuient et laissent voir à l'horizon le ciel clair et lumineux.

Cabinet Tolozan, n° 125.

Toile. Haut. 1 mèt. 13 cent.; larg., 1 mèt. 62 cent.

VERNET

(JOSEPH)

101 — Un Port en Italie.

A l'entrée d'un port s'élève une vieille tour dominant une jetée couverte de personnages; on voit au loin, la mer sous un ciel inondé de la lumière du soleil couchant. Un brick hollandais vient d'entrer dans le port.

A gauche, une fontaine monumentale ornée de lions et d'une figure égyptienne; des femmes et des matelots viennent y puiser de l'eau; plus loin, la côte bordée de montagnes.

Vente Perregaux, n° 58.

Toile. Haut., 46 cent.; larg., 66 cent.

VERNET

(JOSEPH)

102 — Paysage avec un Aqueduc.

Une rivière coule parmi les pierres au milieu d'un paysage très-accidenté; à gauche, une habitation voisine d'une grande tour placée sur des rochers d'où s'échappe une cascade; dans le fond, un aqueduc, puis un horizon de montagnes; à droite, une colline élevée.

Sur le premier plan un bateau, des pêcheurs et une femme au bord de l'eau.

Toile. Haut., 63 cent.; larg., 95 cent.

VERNET

(JOSEPH)

103 — Cascade.

Une rivière tombe en cascade au milieu de grands rochers et forme un petit lac, au bord duquel sont trois
pêcheurs; dans le fond, un viaduc relie deux montagnes.
Effet de soleil couchant.

Cabinet Sylvestre, n° 75.

Toile. Haut., 40 cent.; larg.; 30 cent.

VERNET

(JOSEPH)

104 — Paysage ; les Pêcheurs.

Des pêcheurs sont au bord d'une mare; près d'un vieil
arbre desséché, abrité par une montagne; le paysage
s'étend au loin, bordé d'autres montagnes; à l'horizon, à
mi-chemin, une ruine.

Cabinet Sylvestre.

Toile. Haut., 40 cent.; larg., 30 cent.

VLIEGER

(SIMON DE)

105 — Marine.

Mer agitée avec barques de pêcheurs et bâtiments au
pavillon hollandais.

Bois. Haut., 45 cent.; larg., 60 cent.

VAN DER WERF

(ADRIEN)

106 — Léda au Bain.

Surprise par Jupiter, sous la forme d'un cygne, Léda se sauve à demi enveloppée de ses vêtements.

Le fond est orné d'une statue de Bacchante, d'arbustes, de fleurs, de rosiers, etc.

Forme cintrée. Bois. Haut., 45 cent.; larg., 34 cent.

WOUWERMAN

(PHILIPPE)

107 — Une Halte militaire.

Trois cavaliers sont arrêtés devant une cantine installée sous une tente au milieu d'un camp; l'un sonne de la trompette; un autre, descendu de cheval, va boire un verre de vin que lui apporte la cantinière, un chien est couché à leurs pieds; dans le fond, à gauche, le camp.

Le ciel, fin et lumineux, est chargé de nuages à l'horizon.

Tableau d'une exécution franche et fine à la fois et d'une belle coloration.

Bois. Haut., 40 cent.; larg., 35 cent.

WOUWERMAN

(PHILIPPE)

108 — La Halte au Puits.

Un cavalier a mis pied à terre et lutine une paysanne qui vient puiser de l'eau à un puits; il tient son cheval blanc par la bride; plus loin on voit s'éloigner un paysan à cheval et un autre conduisant un mulet chargé.

Sur le devant, un coq et des poules; près du puits, divers ustensiles de ménage.

Le ciel est éclairé par des nuages brillants et chaud de ton. Très-belle exécution..

Bois. Haut., 39 cent.; larg., 34 cent.

WOUWERMAN

(PHILIPPE)

109 — Chevaux allant boire.

Un jeune paysan, monté sur un cheval bai clair, conduit par la bride un cheval qui se cabre aux aboiements d'un chien, il les mène boire et leur fait descendre une berge un peu élevée; près de là sont deux jeunes gens : l'un est assis, l'autre se déshabille pour aller à l'eau rejoindre d'autres baigneurs; le rivage opposé est bordé de collines boisées, le ciel est chargé de nuages et de vapeurs à l'horizon.

Toile. Haut., 28 cent.; larg., 36 cent.

WYNANTS

(JEAN)

(FIGURES DE LINGELBACH).

110 — Grand Paysage.

Ce paysage est d'une grande richesse de composition; des prairies coupées de haies et de mouvements de terrain, des bouquets d'arbres, une mare, un grand arbre dénudé au tronc couvert de lierre; sur le devant, un autre arbre coupé, de grandes plantes; dans le fond,

à droite, une habitation entourée d'arbres et un bois derrière.

Tableau capital et d'une belle qualité, les figures peintes
par Lingelbach sont assez nombreuses.

Cabinet Walckiers.

Toile. Haut., 1 mèt. 04 cent.; larg., 1 mèt. 35 cent.

WYNANTS

(JEAN)

(FIGURES PAR ADRIEN VANDEVELDE).

111 — Paysage avec des Cochons.

C'est la lisière d'un bois plein d'ombre et de fraîcheur;
une maison de garde est à moitié cachée sous des arbres
et par les plantes qui l'entourent, une barrière lui forme
une sorte d'enclos et la sépare d'une route qui conduit vers
d'autres parties du bois.

Un troupeau de porcs cherchant leur nourriture sur le chemin; ainsi que plusieurs figures et un chien ont été peints
par Adrien Vandevelde. C'est un des beaux tableaux de
Wynants.

Cabinet Tolozan.

Toile. Haut., 67 cent.; larg., 86 cent.

WYNANTS

(JEAN)

(FIGURES PAR LINGELBACH).

112 — Paysage; le Ruisseau.

Un ruisseau traversé par un léger pont de bois vient
tourner près d'un monticule sablonneux couronné d'arbres;

à droite, un jeune bois ; à gauche, un horizon de plaines et de collines se détachant sur un ciel clair légèrement parsemé de nuages.

Les figures qui animent ce paysage ont été peintes par Lingelbach. Ce tableau est aussi beau de qualité que les deux autres.

Toile. Haut., 62 cent.; larg., 83 cent.

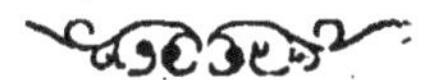

TABLEAUX MODERNES

TABLEAUX MODERNES

BEAUME

115 — La Convalescence.

Une jeune femme convalescente est assise au soleil devant la porte de sa maison et entourée de ses trois enfants; l'aînée de ses filles lui présente une tasse de bouillon; un chien est près d'elle.

Toile. Haut., 64 cent.; larg., 54 cent.

BELLANGÉ

(HIPPOLYTE)

116 — Le Passage dans l'île de Lobau.

La scène est éclairée par la lune et les feux du bivouac; l'armée française passe dans l'île Lobau sous le feu de l'artillerie ennemie; l'Empereur, descendu de cheval, surveille les mouvements de son armée; plusieurs généraux sont près de lui.

Daté 1841.

Bois. Haut., 23 cent.; larg., 32 cent.

BELLANGÉ

(HIPPOLYTE)

117 — La Leçon de Danse.

Assis à la porte d'une chaumière, un soldat charme les loisirs de l'étape en faisant danser devant lui une petite fille, d'autres enfants l'entourent; une vieille femme suivie d'un chien lui apporte une bouteille de vin.

Salon de 1842, n° 78.

Bois. Haut.; 32 cent.; larg., 41 cent.

BÉRANGER

(CHARLES)

118 — La Marchande de Légumes.

Une jeune femme marchande à une fruitière des perdrix suspendues à la porte de sa boutique remplie de légumes de toute nature.

Salon de 1842, n. 94.

Bois. Haut., 57 cent.; larg., 48 cent.

BÉRANGER

(CHARLES)

119 — Gibier.

Un lièvre, une perdrix, des fruits, uu vase en terre et divers autres objets sur une table de marbre.

Salon de 1842, n. 95.

Bois forme cintrée. Haut., 19 cent.; larg., 15 cent.

BERCHÈRE

120 — Le Parc.

Intérieur d'un parc avec figures; effet de lune.
Daté 1847.

Toile. Haut., 31 cent.; larg., 39 cent.

BERGERET

121 — Le Pape Jules II visite le Laocoon.

Le Pape, porté dans sa chaise, vient visiter le groupe
du Laocoon, trouvé par Augustino di Fredi dans les thermes de Titus.

Derrière le Pape à cheval, sont les deux cardinaux
de Medicis et de la Rovere.

Raphaël, Michel-Ange, Donatelli, Baccio Bandinelli et
le célèbre antiquaire grec Lascaris, sont dans l'assistance.
Sur le devant, Augustino di Fredi montre au Pape le groupe
qui vient d'être découvert.

Toile. Haut., 69 cent.; larg., 1 mèt. 05 cent.

BERRÉ

122 — Paysage et Animaux.

Des vaches, conduites par un paysan monté sur un âne,
suivent un chemin bordant un étang; sur le devant, une
vache, vigoureusement retenue par une paysanne, me-
nace de ses cornes un chien qui aboie après elle.
Daté 1820.

Bois. Haut., 30 cent.; larg., 40 cent.

BERRÉ

123 — Paysage et Animaux.

Un jeune garçon, monté sur un âne, conduit une vache rousse, une chèvre et un mouton ; un chien noir les suit ; à droite, est un étang.

Daté 1821.

Toile. Haut., 31 cent.; larg., 39 cent.

BERRÉ

124 — Une Prairie.

Un ânon, trois vaches, dont une couchée ; à gauche, une femme à genoux avec un panier ; près d'elle est un chien.

Daté 1822.

Bois. Haut., 24 cent.; larg., 29 cent.

BODEMAN

125 — Environs de Liége.

C'est une vue des bords de la Vesdre, aux environs de Liége ; la rivière coule au milieu des montagnes boisées ; sur une route qui tourne entre des montagnes et le cours de l'eau, on aperçoit un chariot de foin attelé de bœufs.

Toile. Haut., 80 cent.; larg. 98 cent.

BOISSIEU

(CHARLES-HENRI DE)

126 — Le Marchand de Melons.

Le marchand, son bonnet à la main, regarde une vieille femme qui flaire un melon pour s'assurer de sa maturité ; les figures sont cachées à mi-corps par une table chargée de melons et de fruits.

Cabinet Tolozan, n° 21.

Bois. Haut, 35 cent.; larg., 45 cent.

ROSA BONHEUR

127 — Pâturage normand.

Une Jument blanche et son poulain sont arrêtés sous un grand arbre dans un enclos séparé d'un pâturage par une barrière. Des bœufs et des vaches paissent de l'autre côté ; sur le devant, une mare avec des canards.

Salon de 1846, n° 188. Daté 1845.

Toile. Haut., 66 cent.; larg., 90 cent.

BONINGTON

128 — François Ier et Marguerite de Navarre.

Le Roi est assis nonchalamment un bras passé sur le dos de son fauteuil, sa main joue avec une chaîne d'or suspendu à son cou; un grand lévrier est venu poser sa tête sur ses genoux. Le regard du Roi est tourné vers la belle Marguerite de Navarre qui, les bras légèrement croisés, regarde cette inscription gravée sur le vitrail de la croisée :

> Bien souvent femme varie,
> Bien fol est qui s'y fie.

Les riches costumes du roi et de la reine sont vivement éclairés par le soleil, dont les rayons, passant à travers les vitraux, inondent de lumière et de chaleur tout l'intérieur du salon.

Ce tableau est l'un des plus complets dans l'œuvre du maître. La forme aussi bien que la couleur sont de la plus exquise beauté.

Cabinets Brown et Paul Perrier.

Toile. Haut., 46 cent.; larg., 33 cent.

BONNEFOND

(DE LYON)

129 — Le Maréchal-ferrant.

Le Forgeron et son aide ferrent un cheval de roulier; dans le fond de l'atelier, à gauche, un ouvrier souffle le feu de la forge; une enclume, un marteau et divers accessoires sont à terre; au fond, à droite, le roulier près de sa voiture.

Salon de 1822, gravé par Landon. Daté 1822.

Toile. Haut., 1 mèt.; larg., 1 mèt. 25 cent.

BOUTON

130 — Les Thermes de Julien.

Vue intérieure d'une des salles des Thermes de Julien, à Paris.

Cabinet de la duchesse de Berri.

Toile. Haut., 1 mèt. 45 cent.; larg., 1 mèt. 12 cent.

BRAEKELEER

(FERDINAND DE)

131 — Le Maître de Chapelle.

Au milieu d'un grand intérieur rustique, un vieux maître d'école, debout, le violon d'une main et l'archet de l'autre, frappe la mesure et fait exécuter un chœur à des enfants groupés autour d'une table.

Sur la gauche, deux femmes et des enfants écoutent le concert.

Composition capitale. Daté 1844.

Bois. Haut., 90 cent.; larg., 1 mèt. 35 cent.

BRAEKELEER

(FERDINAND DE)

132 — Le Retour du Marché.

Une femme, revenant du marché, pose à terre son panier rempli de pommes, de légumes et de poisson; elle se baisse pour recevoir ses trois enfants qui accourent au devant d'elle; le père conduit le plus petit par des lisières.

Derrière ce groupe on aperçoit la maison ornée d'un treillage; une femme âgée est dans l'intérieur de la maison.

Daté 1841.

Bois. Haut., 70 cent.; larg., 60 cent.

BRAEKELEER

(FERDINAND DE)

133 — Une Leçon de Chant.

Une jeune fille assise devant une fenêtre ouverte chante en tenant une feuille de musique à la main; derrière elle, un bonhomme l'accompagne en jouant du violon.

Un pot, un verre et du raisin sont posés sur l'appui de la croisée.

Daté 1844.

Bois. Haut., 26 cent.; larg., 22 cent.

COBLITZ

(LOUIS)

134 — Il Bambino.

Trois jeunes femmes italiennes, assises sous de grands arbres, jouent avec un bambin au maillot que l'une d'elles tient dans ses bras.

Salon de 1845, n° 335. Daté 1844.

Toile. Haut., 80 cent.; larg., 64 cent.

VANDAEL

135 — Fleurs.

Des roses, des pivoines, des tulipes, des auricules, des pavots et d'autres fleurs groupées en bouquet dans un vase de terre sur une table de marbre.

Toile. Haut., 72 cent.; larg. 60 cent.

DELAROCHE

(PAUL)

136 — Sainte Cécile.

La sainte est vêtue de blanc et assise, elle touche d'un petit orgue tenu par deux anges agenouillés devant elle. Tableau capital, gravé.

Daté 1836. — Salon de 1839, Galerie Pourtalès.

Toile. Haut., 1 mèt. 92 cent.; larg., 1 mèt. 60 cent.

DELAROCHE

(PAUL)

137 — La Mort d'Augustin Carrache.

Le peintre va mourir, il est couché sur un lit, dans son atelier, devant un tableau qu'il laisse inachevé. Deux de ses élèves sont près de lui; l'un d'eux lui presse la main; dans le fond, des moines lui présentent un crucifix.

Toile. Haut., 56 cent.; larg., 47 cent.

DEMARNE

138 — Le Marchand d'Images.

Dans la cour d'une auberge, animée de nombreux personnages et d'animaux, un marchand d'images, que des enfants sont venus entourer, montre à des paysans attablés les portraits de Henri IV et de Louis XVIII.

Cabinet Tardieu.

Toile. Haut., 36 cent.; larg., 45 cent.

DEMARNE

139 — Cour de Ferme.

Des vaches, des moutons et une grande quantité d'autres animaux, sont groupés dans une cour de ferme, animée en outre par un grand nombre de figures. La grande porte, ouverte sur la campagne, laisse voir une longue route bordée d'arbres.

Toile. Haut., 47 cent.; larg., 60 cent.

DEMARNE

140 — Pâturage près d'une Rivière.

Des animaux sont dispersés dans un vaste pâturage, au milieu duquel est situé un château avec deux tours en face d'un pont.

Toile. Haut., 24 cent.; larg., 32 cent.

DEROY

141 — Paysage avec Animaux.

Des animaux paissent dans une prairie attenante à une ferme que l'on aperçoit au loin; devant sont des vaches, des brebis et des agneaux gardés par un petit pâtre.

Bois. Haut., 39 cent.; larg., 49 cent.

DORCY

142 — Tête de Jeune Fille.

La poitrine à demi découverte, les cheveux un peu en désordre.

Forme ovale. Toile. Haut., 61 cent.; larg., 50 cent.

DORCY

143 — Tête de Jeune Fille.

Elle est coiffée de fleurs.

Forme ovale. Toile. Haut., 52 cent.; larg., 40 cent.

DROLLING

(MARTIN)

144 — La Boîte au Lait.

Une jeune femme, coquettement coiffée, vient poser un

grand vase de cuivre sur l'appui d'une fenêtre ouverte, ornée d'un bas-relief et de plantes grimpantes.

Daté 1776.

Bois. Haut., 27 cent.; larg., 23 cent.

DUVAL LE CAMUS

145 — La Première Cause.

Un jeune avocat, sortant du tribunal, est entouré et vivement remercié par la famille entière de celui qu'il vient de défendre.

Composition de 12 à 15 figures.

Salon de 1840.

Toile. Haut., 44 cent.; larg., 53 cent.

DYCKMANS

(J.)

146 — Les Comptes de la Fermière.

Une jeune dame richement vêtue est assise à une table au milieu d'une grande cuisine hollandaise; sa bonne est derrière elle et lui présente une ardoise qui sert à régler les comptes d'une paysanne qui compte sur ses doigts tandis que son mari ramasse l'argent épars sur la table; derrière eux, est un petit garçon vêtu d'une blouse bleue, sa casquette sous le bras; sur le devant, un petit chien épagneul, du gibier, des légumes et des provisions de toute sorte.

Daté 1838.

Bois. Haut., 84 cent.; larg., 69 cent.

FLEURY

(LÉON)

147 — Paysage.

Une rivière traverse un paysage d'une riante végétation ; sur la rive gauche, une petite ville.
Daté 1845.

Haut., 34 cent.; larg., 50 cent.

FORBIN

(COMTE DE)

148 — Le Portail de Saint-Germain-l'Auxerrois.

C'est un épisode du temps de la Ligue ; le nonce du
Pape sort de l'église Saint-Germain-l'Auxerrois ; des groupes de moines armés gardent toutes les portes.

Bois. Haut., 1 mèt. 30 cent.; larg., 96 cent.

GÉNIOLE

149 — Maison à Grenade.

Des personnages de différentes conditions sont groupés
près de l'entrée principale d'une maison mauresque.
Salon de 1842.

Toile. Haut., 45 cent.; larg., 54 cent.

GÉRARD
(FRANÇOIS BARON)

150 — Bélisaire.

Bélisaire aveugle, son bâton à la main, porte dans ses bras son jeune conducteur, qui vient d'être mordu à la jambe par un serpent.

Réduction faite par Gérard en 1797, pour Desnoyers le graveur.

Le casque que porte Bélisaire au côté n'est pas dans le grand tableau qui fait partie de la galerie du prince de Leuchtenberg, à Munich.

Cabinet Sommariva, n° 8.

Toile. Haut., 93 cent.; larg., 70 cent.

GÉRICAULT

151 — Une Brasserie.

Un haquet, chargé de barriques et attelé de deux forts chevaux, est arrêté à la porte d'une brasserie. Un chien noir est couché près de la voiture.

Sur le devant, une grande mare d'eau.

Toile. Haut., 58 cent.; larg., 72 cent.

GIROUARD
(HENRIQUETTA)

152 — Vierge et Enfant Jésus.

La Vierge est vue à mi-corps, tenant l'enfant Jésus sur ses genoux.

Forme cintrée. Haut., 1 mèt. 20 cent.; larg., 83 cent.

GOSSE

153 — La Charité.

Une jeune femme, tenant un enfant assis près d'elle, donne du pain à un autre enfant à moitié nu.

Salon de 1842, n° 837.

Lithographié par Léon Noël.

Toile, Haut., 1 mèt. 18 cent.; larg., 97 cent.

GOUREAU

154 — Le Port de Dieppe.

Le port de Dieppe, le quai Henri IV et le grand bassin chargé de navires.

Toile. Haut., 62 cent.; larg., 90 cent.

GRANET

155 — Un Moine quêteur.

Debout, sur une route aux environs de Rome, il tient au bras un panier; ses deux mains égrènent un chapelet.

Toile. Haut., 32 cent.; larg., 24 cent.

GUILLEMIN

156 — Les Amateurs.

Deux amateurs regardent attentivement un tableau placé
sur une table où sont des livres et des objets d'art.

Salon de 1846, n° 893.

Daté 1846.

Toile. Haut., 45 cent.; larg., 37 cent.

GUILLEMIN

57 — L'Art au Régiment.

Un jeune soldat de la ligne, installé dans une chambre
de caserne, fait le portrait d'un sapeur, qui se détire et
bâille au mieux ; un autre soldat, assis sur le lit, regarde
peindre son camarade.

Salon de 1846, n° 802.

Daté 1846.

Toile. Haut., 46 cent.; larg., 55 cent.

HAUDEBOURT LESCOT
(MADAME)

158 — Scène italienne.

Un moine cause avec un jeune homme et une jeune fille
arrêtés près d'une fontaine.

Toile. Haut., 40 cent.; larg., 32 cent.

HESSE
(ALEXANDRE)

159 — Derniers honneurs rendus au Titien.

Le Titien mourut à Venise en 1576. La peste faisant de grands ravages à cette époque, les enterrements publics étaient défendus, mais on fit une exception en faveur du grand artiste.

Le cortége sort de l'église Saint-Marc; grands seigneurs, magistrats, guerriers et patriciens se disputent l'honneur de porter son corps et s'avancent au milieu des pestiférés morts ou mourants.

Salon de 1833.

Gravé par Lenormand.

Toile. Haut., 1 mèt. 60 cent.; larg., 2 mèt. 30 cent.

VAN HOVE

160 — Un Intérieur.

C'est un vestibule orné de divers objets et dont la porte est ouverte sur la rue vivement éclairée par le soleil.

Une femme, un panier au bras, cause avec un enfant près de la porte ouverte.

Bois. Haut., 54 cent.; larg., 48 cent.

JACOMIN

161 — Le Récit.

Un grenadier blessé raconte ses aventures à deux jeunes

filles vêtues du costume des paysannes du Mâconnais. Une petite fille s'amuse avec son sabre et son schako.

Daté 1822. — Salon de 1822.

Toile. Haut., 93 cent.; larg., 73 cent.

JOLIVARD

162 — Paysage des Environs du Mans.

Une mare bordée de roseaux et traversée par un pont de bois, sur lequel une femme étend du linge; au fond, un massif d'arbres et une chaumière.

Daté 1844.

Toile. Haut., 82 cent.; larg., 99 cent.

JOLIVARD

163 — Paysage avec Cascade.

C'est l'intérieur d'une forêt. Une rivière coule au milieu des rochers et de grands arbres.

Toile. Haut., 68 cent.; larg., 72 cent.

JOYANT

164 — Un Canal à Venise.

Un canal bordé de palais et sillonné de gondoles et de bateaux d'approvisionnement.

Daté 1841.

Toile. Haut., 50 cent.; larg., 66 cent.

KOBELL

165 — Paysage avec des Animaux.

Trois vaches et des moutons dans une prairie; le pâtre est couché à l'ombre de grands arbres au bord d'un cours d'eau. Effet de soleil.

Bois. Haut., 30 cent.; larg., 41 cent.

KOBELL

166 — Le Taureau, d'après Paul Potter.

Cette copie du fameux tableau de Paul Potter, qui est au musée de La Haye, a été faite en 1809, époque à laquelle l'original était encore au musée de Paris, et peut être considérée comme un des bons ouvrages de Kobell.
Signé J. Kobell, d'après Paul Potter.

Bois. Haut., 64 cent.; larg., 81 cent.

KOEK KOCK
(B. C.)

167 — Vue du Rhin.

Le fleuve coule à perte de vue, sous un ciel clair et lumineux, au milieu de montagnes couronnées de vieux châteaux et de villages pittoresques.
La vue est prise d'un plateau élevé et bordé de rochers, au milieu duquel est un groupe de grands arbres.
Daté 1843.

Bois. Haut., 66 cent.; larg., 86 cent.

KOEKKOCK

(B. C.)

168 — L'Approche de l'Orage.

Le vent souffle avec violence au milieu de grands arbres
formant la lisière d'un bois ; des tourbillons de poussière
se soulèvent d'une route poudreuse que suivent paysans
et voyageurs luttant contre le vent ; à gauche, un ruisseau
sortant du bois coule au milieu de pierres amoncelées.
Daté 1843.

Bois. Haut., 67 cent.; larg., 84 cent.

LEICKERT

(CHARLES)

169 — Passage d'un Bac.

Un bac chargé de voyageurs traverse un cours d'eau
aux environs de Rotterdam et vient aborder au rivage
près d'un bâtiment surmonté d'une tour.
Daté 1845.

Toile. Haut., 69 cent.; larg., 93 cent.

LEPRINCE

(XAVIER)

170 — L'Atelier de Cochereau.

Un grand nombre de peintres et d'amateurs de l'époque
sont groupés dans ce tableau : Odiot père, Dusommerard,

comte de Turpin, Leprince, Debez, Jolivard, et d'autres noms encore.

Vente Odiot.

Toile. Haut., 72 cent.; larg., 90 cent.

LEPRINCE
(XAVIER)

171 — Le Vieux Mendiant.

Un vieillard à barbe blanche, coiffé d'un chapeau à larges bords et tenant un bâton à la main, est assis sur un tertre au bord d'une route et demande l'aumône.

Haut., 32 cent.; larg., 24 cent.

LESAINT

172 — Intérieur de la Cathédrale d'Amiens.

La vue est prise du maitre-autel et laisse voir toute la nef.

Salon de 1839, n° 1864.

Toile. Haut., 1 mèt. 92 cent.; larg., 1 mèt. 62 cent.

LEYS
(HENRI)

173 — La Vieille Dentelière.

Une bonne vieille en costume flamand noir et blanc tient sur ses genoux un petit métier à dentelle, auquel elle travaille ; près d'elle, une petite fille, un panier au bras, joue avec un chien qui est monté sur une chaise ; la scène se passe dans le vestibule d'une grande maison flamande pavé de marbre et orné de colonnes, de meubles, de tables et de statues. On aperçoit par une grande arcade ouverte une cour éclairée par le soleil et que traverse une jeune femme ; dans le fond, un couloir par lequel sort un homme.

Bois. Haut., 84 cent.; larg., 75 cent.

LEYS

(HENRI)

174 — Femme pelant des Fruits.

C'est dans la cour intérieure d'une maison hollandaise ; on voit le vestibule ouvert et éclairé par un rayon de soleil ; une jeune femme vêtue d'un costume noir et blanc, d'une grande simplicité, est assise, pelant des fruits ; une corbeille de pommes est à ses pieds. Un petit chien dort près d'elle sur un escabeau.

Daté 1844.

Bois. Haut., 58 cent.; larg., 47 cent.

LEYS

(HENRI)

175 — La Fileuse.

C'est encore une scène flamande ; dans une petite cour qui précède une maison rustique et tout près d'un grand puits. Une bonne mère tourne son rouet en regardant des petits enfants qui jouent à côté d'elle ; un grand garçon, le panier au bras, va partir aux provisions, datée, 1842.

Bois. Haut., 49 cent.; larg., 38 cent.

LUCKX

176 — La Partie de Dominos.

Un bonhomme et une bonne vieille, assis devant une table couverte d'un tapis, font une partie de dominos que suivent attentivement une jeune fille et un jeune homme.

Un chien est assis sur un tabouret, à côté de sa maîtresse.

Daté 1844.

Bois. Haut., 58 cent.; larg., 49 cent.

LUCKX

177 — Le Goûter.

Une bonne vieille, assise dans un fauteuil et devant une table, prend une tasse de thé; un homme derrière elle prépare les tartines; une jeune fille, un livre à la main, est venue s'accouder sur le dos d'une chaise sur laquelle est un chien.

Haut., 54 cent.; larg., 42 cent.

LUCKX

178 — Intérieur d'un Cabaret flamand.

La salle principale du cabaret est pleine; des paysans sont attablés autour d'un jambon, d'autres boivent ou fument; des enfants assis à terre font manger un petit chien. Au premier plan à gauche, une femme fait de la dentelle; plus loin, un vieux bonhomme s'est approché du comptoir et trinque avec la maîtresse de la maison.

Composition de 12 à 14 figures.

Daté 1843.

Bois. Haut., 59 cent.; larg., 75 cent.

MADOU

179 — Intérieur hollandais.

Toute une famille est réunie dans une chambre au mi-lieu de laquelle est un berceau où dort un petit enfant. Les uns prennent le thé, les autres causent ou écoutent; un homme interrompt la lecture de son journal pour prendre une prise de tabac.

Du linge et des hardes de toute espèce sont épars dans la chambre.

Daté 1840.

Bois. Haut., 36 cent.; larg., 50 cent.

MEISSONIER

180 — Les Joueurs d'Échecs.

Deux joueurs sont attablés devant un échiquier; la partie semble perdue pour l'un d'eux, qui réfléchit profondément. Un troisième personnage, assis auprès, regarde la partie avec intérêt tournant sa tabatière entre ses doigts.

Les costumes sont de l'époque de Louis XVI. Le fond de l'appartement est orné de trois gravures et d'une pendule placés au-dessus d'une commode chargée de livres et de portefeuilles.

Salon de 1841, n° 1429.

Bois. Haut., 19 cent.; larg., 14 cent.

MEISSONIER

181 — Les Amateurs.

C'est l'intérieur de l'atelier d'un peintre de l'époque de

Louis XVI. Il est assis à son chevalet, tout entier à son œuvre, mettant les dernières touches à un tableau représentant le Martyr de saint Laurent; son oreille sanguinolente indique bien son impatience d'avoir presque sur son dos deux amateurs importuns; l'un, d'un certain âge, l'air important et dédaigneux, est venu s'accouder jusque sur le dos de sa chaise; l'autre, plus jeune, vêtu d'un élégant costume gris de l'époque, la canne à la main, l'épée au côté, est assis et regarde, le dos renversé sur sa chaise.

Les murs de l'atelier sont couverts de tableaux et d'ébauches; un grand rideau relevé retombe sur le côté; les meubles sont chargés de portefeuilles et de dessins épars.

Salon de 1843. — Gravé par Flameng dans la *Gazette des Beaux-Arts.*

Bois. Haut., 22 cent.; larg., 28 cent.

MERCEY

(FRÉDÉRIC)

182 — Paysage; le Bois.

De grands et beaux arbres indiquent l'entrée d'un bois; à gauche, une route animée de figures et d'animaux.

Toile. Haut., 65 cent.; larg., 92 cent.

DE NOTER

(DAVID)

183 — Intérieur flamand.

La cuisinière plume un canard tout en écoutant les gais propos d'un garde-chasse assis près d'elle; autour d'eux

sont épars gibiers, légumes, paniers et ustensiles de ménage.

Daté 1845.

Bois. Haut., 59 cent.; larg., 47 cent.

OMMEGANCK

184 — Bestiaux buvant à une Mare.

Une brebis et un bouc viennent d'entrer dans l'eau pour
boire; dans le fond, le berger et son troupeau.

Bois. Haut., 39 cent.; larg., 35 cent.

REEKERS

185 — Gibier, Fleurs, Fruits et Légumes.

Une corbeille de fruits, du raisin, un melon et des
légumes sont groupés sur une table de marbre; on voit
au-dessus du gibier suspendu; dans le fond, des fleurs
à longues tiges.

Bois. Haut., 1 mèt. 15 cent.; larg., 93 cent.

DE LA RIVE

186 — Paysage.

Site de montagne ; sur le devant, une prairie ombragée
de grands arbres et des animaux.

Toile. Haut., 53 cent.; larg., 72 cent.

DE LA RIVE

187 — Animaux passant une Grotte.

Un troupeau de vaches, de moutons et de chèvres con-
duits par une bergère et un jeune garçon, sortent d'une
grotte formée de rochers ; à la droite du troupeau sont
deux femmes, dont l'une porte un grand panier sur la tête ;
un jeune homme les suit.
Cabinet Tronchin.
Daté 1795.

Bois. Haut., 53 cent.; larg., 67 cent.

DE LA RIVE

188 — Paysage.

Une chute d'eau dans un paysage boisé, des laveuses,
des animaux.

Toile. Haut., 55 cent.; larg., 69 cent.

DE LA RIVE

189 — Paysage italien.

Ce paysage, d'une belle composition, est animé de figures et d'animaux.

Toile. Haut., 47 cent.; larg., 66 cent.

ROEHN
(ALPHONSE)

190 — La Leçon de Musique.

Une jeune femme, richement vêtue, est assise près
d'une table couverte d'un beau tapis ; elle marque la mesure sur un livre de musique tenu devant elle par un petit
page, et semble interroger du regard un jeune seigneur
qui joue de la mandoline derrière elle.

Sur la table, des fruits et un verre.

Toile. Haut., 59 cent.; larg., 49 cent.

ROUBIO

191 — Les Comédiens ambulants (D'APRÈS BIARD).

Copie réduite du tableau de la galerie du Luxembourg.

Toile. Haut., 56 cent.; larg., 81 cent.

SAINT JEAN

192 — Fruits et Fleurs.

Des branches chargées de gros raisins blancs et violets,
des pêches, des melons dont un ouvert, des grenades, des
figues et des fraises, sont groupés sur le terrain, au
pied d'un bas-relief antique.

Dans un vase, des branches de roses-thé et des pavots.

Composition capitale exposée au salon de 1844, n° 1594.

Daté 1843.

Toile. Haut., 82 cent.; larg., 1 mèt. 14 cent.

SCHELFOUT

193 — Vue de Harlem; effet d'hiver.

Une grande tour faisant partie de la vieille enceinte de
la ville de Harlem est bordée d'une rivière glacée, couverte de patineurs et de traîneaux.

Toile. Haut., 67 cent.; larg., 78 cent.

VAN SCHENDEL

194 — Le Marché aux Poissons à La Haye.

C'est le matin avant le jour, le marché est éclairé par
la lune qui sort des nuages et par les nombreuses lumières
de chaque boutique; deux ménagères hollandaises, l'une
jeune, l'autre âgée, marchandent à un jeune garçon de
magnifiques poissons étendus sur une table.

Sur le devant, un autre jeune garçon tire des poissons
d'un baquet; dans le fond, toute l'animation d'un marché.
Daté 1844.

Bois. Haut., 77 cent.; larg., 62 cent.

STEINHEIL

195 — Intérieur d'un Cellier.

Des légumes et des fruits sont entassés sur un baquet
renversé; et à terre, sur une table, au fond, des con-
combres, deux cafetières, deux assiettes et un linge.

Salon de 1846, n° 1649.

Toile. Haut., 40 cent.; larg. 30 cent.

SWEBACH

196 — Le Départ.

Un jeune homme se dispose à faire monter une dame
dans un cabriolet arrêté à la porte d'une auberge ; près de
là, plusieurs cavaliers dont l'un est déjà en selle ; dans le
fond, un pont ; à l'horizon, des montagnes.
Daté 1821.

Bois. Haut., 22 cent.; larg., 33 cent.

TAUNAY

197 — L'Enfant prodigue ; le Départ.

Sa famille l'accompagne sur le seuil de la maison. Il va
monter à cheval. Au fond, à gauche, au pied d'un arbre,
les mules chargées de bagages.
Gravé en couleur par Descourtils.

Bois. Haut., 29 cent.; larg., 43 cent.

TAUNAY

198 — L'Enfant prodigue ; le Festin.

Il est à table, entouré de trois femmes dont une le pare
de fleurs ; une négresse verse à boire. Au fond, une colon-
nade, des statues, une pièce d'eau.
Gravé en couleur par Descourtils.

Bois. Haut., 29 cent.; larg., 43 cent.

TOPFER

199 — Une Fontaine dans les Bois.

Des paysannes du canton de Genève viennent chercher
de l'eau à une fontaine à l'entrée d'un grand bois.

Bois. Haut., 43 cent.; larg., 52 cent.

TOPFER

200 — Petite Paysanne suisse.

Une paysanne du canton de Vaud assise contre un clé-
dart, la tête couverte d'un chapeau de paille, un panier à
ses pieds.

Toile. Haut., 53 cent.; larg., 41 cent.

VERBOECKHOVEN
(EUGÈNE)

201 — Moutons devant une Bergerie.

Un bélier, des brebis, un agneau et une chèvre groupés
à la porte d'une bergerie; dans le fond, un horizon lointain.
Daté 1841.

Bois. Haut., 80 cent.; larg., 1 mèt. 08 cent.

VERBOECKHOVEN
(ÈUGÈNE)

202 — Animaux dans une Prairie.

Une vache debout, une autre couchée, trois moutons et une chèvre au milieu d'une plaine accidentée et d'une grande étendue.
Daté 1841.

Bois. Haut., 27 cent.; larg., 38 cent.

VERHEYDEN
(FRANÇOIS)

203 — La Confidence.

Deux jeunes paysannes hollandaises causent mystérieusement, réfugiées au bout d'un parc fermé d'un mur à hauteur d'appui qui les cache en partie.
Daté 1845.

Bois. Haut., 58 cent.; larg., 48 cent.

VERHEYDEN
(FRANÇOIS)

204 — La Cueilleuse de Pommes.

Une jeune femme rentre dans sa chaumière, portant une corbeille de pommes qu'elle vient de cueillir et semble appeler quelqu'un.
Daté 1845.

Bois. Haut., 76 cent.; larg., 62 cent.

VERHEYDEN

(FRANÇOIS)

205 — La Bonne Prise.

Une jeune fermière revenant du marché est assise sur un tertre dans la campagne, une tabatière ouverte à la main, une prise dans ses doigts; elle est sur le point d'éternuer.

Daté 1845.

Bois. Haut., 25 cent.; larg., 22 cent.

VERNET

(CARLE)

203 — Le Triomphe de Paul-Émile.

Le consul Paul-Émile, à son retour de la conquête de la Macédoine, obtient les honneurs du Triomphe.

Composition de la plus grande importance, par le grand nombre de figures qu'elle renferme et par sa belle ordonnance.

Vente Odiot.

Toile. Haut., 1 mèt. 25 cent.; larg., 4 mèt. 25 cent.

VERNET

(CARLE)

207 — Chaise de Poste passant un Ravin.

Une chaise attelée de trois chevaux sort d'un cours

d'eau qu'elle vient de traverser pour monter un chemin rapide qui conduit à une ville fortifiée. Site italien.

Cabinet Bouchot, 1841. — Cabinet Crisenoy, n° 105. Daté 1823.

Toile. Haut., 60 cent.; larg., 73 cent.

VERVEER

208 — Vue de Delft.

La vue est prise d'un canal qui borde les vieux murs de la ville et sur lequel on voit des bateaux et des pêcheurs; au fond, un pont qui donne accès à une des portes de la ville; puis, dominant le tout, la belle église qui sert de sépulture aux princes hollandais.

Daté 1840.

Bois. Haut., 63 cent.; larg., 75 cent.

VERVEER
(J.)

209 — Marine hollandaise.

Les eaux sont légèrement houleuses; des barques s'éloignent du rivage bordé de moulins dont la silhouette se détache sur le ciel éclairé par le soleil couchant.

A gauche on aperçoit au loin la ville de Dordrecht. Daté 1844.

Bois. Haut., 69 cent.; larg., 92 cent.

WICKENBERG

210 — Paysage de Suède; effet d'hiver.

Sur une rivière glacée, aux horizons à perte de vue et couverts de neige, un jeune garçon pousse un traîneau sur lequel est une petite fille et un chien; un autre grand chien gronde après eux.

Sur le rivage, deux petites filles venant de faire du bois. Salon de 1842, n° 1873.

Toile. Haut., 69 cent.; larg., 1 mèt. 08 cent.

WILLEMS

(FLORENT)

211 — Cavaliers payant leur Écot.

Un cavalier, son manteau sur l'épaule, le feutre sur la tête, fouille à sa poche pour régler son compte avec une fille d'auberge debout devant lui.

Un autre cavalier est assis devant la cheminée, sa pipe à la main, son chapeau sur ses genoux.

Bois. Haut., 61 cent.; larg., 47 cent.

MARBRE

PRADIER

212 — Phryné.

Figure en marbre de 2 mètres de hauteur.

INSTRUMENT DE MUSIQUE

213 — Un Panharmonicon de Maelzel.

Cet instrument, d'une grande puissance, fait entendre
les chefs-d'œuvre de Haydn, de Beethoven et de Cheru-
bini, de façon à produire l'effet d'un orchestre complet; il
se distingue des autres orgues en ce que le son y est pro-
duit par les instruments eux-mêmes, cors, bassons, flûtes,
hautbois, etc., dans lesquels des soufflets introduisent le
son qui leur est propre.

Le premier panharmonicon connu en France y fut apporté,
en 1806, par son auteur, le célèbre Maelzel, auquel on
doit l'invention du métronome. Cet instrument produisit
une grande impression. Maelzel en construisit alors trois
autres; l'un est la propriété de l'empereur d'Autriche, à
Vienne; un second appartient au duc de Leuchtenberg, à
Munich; le troisième, destiné à l'Amérique, fut perdu avec
le bâtiment qui le portait.

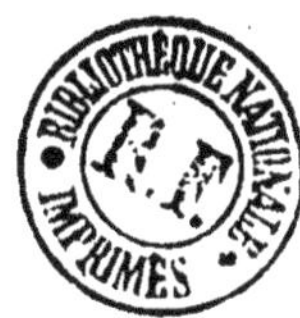

www.ingramcontent.com/pod-product-compliance
Ingram Content Group UK Ltd.
Pitfield, Milton Keynes, MK11 3LW, UK
UKHW021204220726
13924UKWH00003B/1309